Jutta Schütz wurde in Lebach (Saarland) geboren. Mit ihrem ersten Bestseller "Plötzlich Diabetes" (2008) gilt die Autorin bei Kritikern als Querdenkerin. 2010 startete sie mit ihren Gesundheitsbüchern ihr Pilotprojekt in Bruchsal und später bei der VHS in Wolfsburg. Schütz schreibt Bücher, die anspornen, motivieren und spezielles Insiderwissen liefern. Sie hat bis heute über 90 Bücher geschrieben und an vielen anderen Büchern mitgewirkt. Zudem hilft sie als Mentorin und Coach vielen Neuautoren bei der Veröffentlichung ihrer Bücher. Als Journalistin schreibt sie für viele Verlage und Zeitungen. Ihre Themen sind: Gesundheit, Psychologie, Kunst, Literatur, Musik, Film, Bühne, Entertainment. Weitere Informationen zur Autorin und ihren Büchern findet man in den Verlagen, auf ihrer Webseite sowie im Kultur-Netzwerk.
Mehr Infos finden Sie auf der Webseite:
www.jutta-schuetz-autorin.de
www.die-gruppe-48.net/Funktionstraeger

© **2018 Autor: Jutta Schütz**
© 2018 Buchsatz, Layout, Buchgestaltung
© 2018 Buchidee: Jutta Schütz
www.jutta-schuetz-autorin.de

© **2018 Herstellung und Verlag:**
BoD – Books on Demand, Norderstedt

ISBN: 9783752877427

Bibliografische Information der Deutschen Nationalbibliothek: Die Deutsche Nationalbibliothek verzeichnet diese Publikation in der Deutschen Nationalbibliografie; detaillierte bibliografische Daten sind im Internet über http://dnb.d-nb.de abrufbar.

FSC
www.fsc.org

MIX
Papier aus verantwortungsvollen Quellen
Paper from responsible sources
FSC® C105338

Jutta Schütz

LOW CARB für Senioren

Kohlenhydratarme Ernährung

32 Rezepte plus Infos

Inhaltsverzeichnis

Vorwort

Alle Rezepte sind für 2 – 3 Personen

Vorwort

Vitalität und Wohlbefinden sind wesentliche Voraussetzungen für gute Lebensqualität bis ins hohe Alter. Eine gesundheitsbewusste Lebensführung zögert die Alterungsvorgänge hinaus. Eine ausgewogene und altersgerechte Ernährung in Verbindung mit genügend Bewegung sind die besten Voraussetzungen für ein gesundes und selbst bestimmtes Leben im Alter.

Eine kohlenhydratarme Ernährung (Low Carb) eignet sich für Menschen in jedem Alter und besonders für Menschen, die bereits mit Übergewicht oder Diabetes Typ Zwei zu kämpfen haben. Auch empfehlenswert ist diese Ernährungsform für Menschen mit hohem Cholesterinspiegel, hohem Blutdruck oder Darmerkrankungen sowie natürlich für alle gesunden Menschen auch.

Diese Ernährungsform bietet viele Vorteile. Sie hält den Blutzuckerspiegel niedrig, da durch die vermehrte Aufnahme von fett- und eiweißreicher Nahrung der Sättigungseffekt länger anhält. Auch wird der Stoffwechsel angeregt, da dieser für die Umwandlung von Eiweiß mehr Energie benötigt.

Wenn Sie sich für diese Ernährungsform interessieren, können Sie dies zunächst mit Ihrem Hausarzt vorab besprechen. Lassen Sie sich nicht verunsichern, sollte er vielleicht aus Bequemlichkeit abwinken, Sie sind als Patienten NICHT entmündigt. Sie können auch jederzeit mit Ihrer Krankenkasse telefonieren und sich informieren.

Die Ernährungsform "Low Carb" zeichnet sich unter anderem dadurch aus, dass nicht gehungert werden muss.

Dies könnte für den ein oder anderen ein guter Anreiz sein, die Ernährung nach diesem Prinzip umzustellen.

In vielen Forschungen wurde nachgewiesen, dass eine kohlenhydratarme Ernährung (Low Carb) dabei hilft, den Blutzuckerspiegel und den Blutdruck dauerhaft zu senken (habe ich schon erwähnt) und den Muskelaufbau zu fördern.

Viele Diabetiker mit dem Typ Zwei konnten auf Medikamente und Insulin verzichten.

Es berichten auch Patienten mit Gelenkschmerzen, dass diese Ernährungsform dabei helfen kann, Entzündungen zu reduzieren. Dies lässt sich vermutlich auf den niedrigeren Insulinspiegel zurückführen, da ein hoher Insulinspiegel mit Entzündungsmarkern in Verbindung steht.

Mit zunehmendem Alter steigt das Risiko für eine chronische Krankheit wie Depression oder Diabetes – fast 20% der Deutschen haben im Alter von 65 Jahren Diabetes.

Mit der Zeit werden die Zellen immer Insulinresistenter. Die Bauchspeicheldrüse muss viele Überstunden machen und produziert 4 bis 5 Mal mehr Insulin. Wissenschaftler behaupten, dass diese überhöhte Insulinproduktion den Alterungsprozess beschleunigt.

Low Carb Ernährung muss nicht immer tierproduktlastig sein. Auch Vegetarier können nach dieser Ernährungsform leben.

Tierische Produkte sind die einzigen Quellen für gutes Fett und Eiweiß. Auch Kichererbsen, Linsen, weiße Bohnen, Erbsen, Tofu, Feta und Mandeln (und mehr Lebensmittel) sind reich an Eiweiß. Und was die Fette anbelangt, gibt es ebenso gute Öle wie z. B.: Leinsamenöl oder Olivenöl.

Leinsamen (auch gepresstes Leinöl) sind eine vegetarische Quelle für gesunde Omega-3-Fettsäuren. Diese schützen vor Herz-Kreislauferkrankungen sowie auch vor Diabetes.

REZEPTE

Kichererbsen Muffins

> **Zutaten:**

400 g Kichererbsenmehl
200 g Butter
1 TL Salz
2 TL Natron
10 Eier
2 EL grob gemahlene Haselnüsse
2 EL grob gemahlene Mandeln

> **Zubereitung:**

Eier trennen, Eiweiß steif schlagen.
Restliche Zutaten miteinander verrühren.
Eiweiß unterheben.
Den Teig in Muffinförmchen einfüllen.
Bei 180 Grad zirka 40 Minuten backen.

Low Carb Fladenbrot

➤ **Zutaten:**
200 g Frischkäse
6 Eier
1 EL Sesamkörner
1 EL Leinsamen
1 P Backpulver
½ TL Salz
1 EL Olivenöl

➤ **Zubereitung:**
Eier trennen und das Eiklar sehr steif schlagen. In einer zweiten Schüssel das Eigelb und den Frischkäse schaumig rühren.

Sesamkörner, Leinsamen und Salz dazugeben, Eischnee vorsichtig unterheben.

Backpapier mit dem Olivenöl einstreichen.

Auf dem Backblech 6 platte Häufchen verteilen und bei 160 Grad zirka 25 – 30 Minuten backen.

Kichererbsen-Brot

> **Zutaten:**

400 g Kichererbsenmehl
200 g Butter
1 TL Salz
2 TL Natron
10 Eier
4 EL grob gemahlene Haselnüsse
1 EL gemahlene Mandeln

> **Zubereitung:**

Eier trennen, Eiweiß steif schlagen.
Restliche Zutaten (nur 2 EL Nüsse) miteinander verrühren, Eiweiß unterheben.
Kastenform mit Butter einstreichen und mit 2 EL Haselnüssen ausstreuen, den Teig einfüllen.
Bei 180 Grad zirka 50 Minuten backen.

Low Carb Bagel (Auf Vorrat)

> **Zutaten:**

60 g Sesam
100 g Goldleinsamen (fein gemahlen)
70 g Kokosmehl
100 g Magerquark
230 g Mozzarella
3 kleine Eier
3 TL Backpulver
2 Eigelbe (zum Bestreichen)
2 EL Sahne (zum Bestreichen)

> **Zubereitung:**

Goldleinsamen und Kokosmehl mischen. Mozzarella in kleine Stücke schneiden und mit dem Quark vermischen. Über dem Wasserbad (oder Mikrowelle) unter ständigem Rühren zum Schmelzen bringen, abkühlen lassen. Mit den Eiern, Leinsamen und Kokosmehl mit dem Mixer kurz mischen, dann von Hand nochmal gut durchkneten. In einer Frischhaltedose (oder Beutel) im Kühlschrank zirka 2 Stunden kühlen. Den Teig in 8 Portionen teilen. Jedes Teil zu einer Kugel formen und in die typische Bagelform bringen. Bagel auf ein mit Backpapier ausgelegtes Backblech legen. Die Eigelbe mit der Sahne mischen und die Bagel damit bestreichen. Mit Sesam bestreuen – den Sesam etwas andrücken. Zirka 25 – 30 Minuten bei 200 Grad backen (Ober und Unterhitze).

Der Unterschied zwischen Goldleinsamen und Leinsamen ist: Es handelt sich um die gleiche Art Leinprodukte (Linum unsitatissimum). Die braunen oder goldenen Körner stammen von Varietäten und unterscheiden sich in der Fettsäurezusammensetzung und dem Quellvermögen.
Der Goldleinsamen enthält mehr Linolsäure (Omega 6-Fettsäure) und weniger Alpha-Linolensäure (Omega 6-Fettsäure). Er besitzt ein höheres Quellvermögen.

Müsliriegel

> ## ➤ Zutaten:
50 g getrocknete Aprikosen
50 g getrocknete Apfelringe
2 EL Butter
50 g Birkenzucker (oder Streusüße)
50 g Honig
1 EL Orangenschale (Schale zum Verzehr geeignet)
1 EL Orangensaft
100 g Haferflocken
50 g Kokosraspel
5 EL Haselnüsse, gehackt
1 EL Pistazienkerne
1 EL Sesamsaat, hell

> ## ➤ Zubereitung:
Aprikosen grob hacken. Apfelringe in kleine Stücke schneiden. Butter, Zucker und Honig in einen Topf geben und erhitzen, bis die Butter schäumt und der Zucker sich auflöst. Orangenabrieb und Saft, Haferflocken, Kokosraspel, Haselnüsse, Rosinen und Apfelstückchen in den Topf geben und alles gut miteinander vermischen. Müslimasse mit einem feuchten Gummischaber (Backutensil) auf ein mit Backpapier ausgelegtes Backblech streichen. Mit Pistazien und Sesamsaat bestreuen. Im vorgeheizten Backofen bei 160 Grad Umluft für ca. 25-30 Minuten backen. Auskühlen lassen, danach in 20 Riegel schneiden.

Low Carb Körnerbrot

Menge: Ergibt 10 Brote à 400 g / Pro Brot 8 - 10 Scheiben
Pro 1 Scheibe = 12 Kohlenhydrate

➤ Zutaten:

500 g Sesamkörner
500 g Leinsamen
200 g Sonnenblumenkerne
600 g gem. Mandeln
700 g Eiweißpulver
6 Päckchen Trockenhefe
1 gehäufter EL Salz
6 Eier
250 ml Sonnenblumenöl
750 g sehr warmes Wasser

➢ **Zubereitung:**

Eine sehr große Schüssel nehmen, alle trockenen Zutaten (auch die Trockenhefe) hinein geben und gut durchmischen. Anschließend alle nassen Zutaten hinzu geben und gut durchkneten.

Der Teig bröselt etwas. Auf einer Waage je 400 g abwiegen und zu einer länglichen (Durchmesser: ca. 7 - 8 cm) Rolle formen. Die Rolle ist ca. 13 - 15 cm lang.

Auf ein Backblech (mit Papier auslegen, NICHT einfetten) passen 6 Brote. Backzeit: zirka 45 Minuten bei 180 Grad.

ACHTUNG: Das Brot vor dem Backen zirka 45 Minuten gehen lassen!

Jedes Brot in ca. 8 - 10 Scheiben schneiden und einfrieren (Zwischen jede Scheibe ein kleines Stück Alufolie legen).

Frisch hält sich das Brot zirka 3 - 4 Tage (Im Kühlschrank).

Gefroren nach Bedarf auf den Toaster legen und jede Seite einmal toasten.

Tipp: Bestreichen Sie ein paar Scheiben des Brotes leicht mit Schmand und legen es auf ein Backblech (mit Backpapier). Mit Gewürzen wie: Etwas Salz, Pfeffer, (wenig Paprika und Pizza-Gewürz) würzen und dann mit jungem Gouda im Backofen bei 160 Grad 10 Minuten überbacken. Dazu Salat reichen.

LC-Hot Dog-Brötchen

➢ **Zutaten für 4 Brötchen:**

4 Eier
50 g geschmolzene Butter
100 g Kokosflocken
180 g gemahlene Mandeln
2 EL Eiweißpulver (neutral)
200 ml heißes Wasser
2 EL Kräuter (getrocknet)
2 TL Senf (mild)
3 TL Backpulver

➢ **Zubereitung:**

Die Eier mit der Butter, Senf und Wasser schaumig schlagen. In einer zweiten Schüssel die trockenen Zutaten mischen, nach und nach zur Ei-Mischung geben, 30 Minuten ruhen lassen. Wenn der Teig noch zu matschig ist, geben Sie 1 – 2 EL Eiweißpulver dazu.

Vier längliche Brötchen formen und für 20 Minuten bei 200 Grad in den Ofen geben.

Nach Geschmack belegen. Mit Käse schmecken sie auch sehr gut.

Tipp: Belegte Brötchen schmecken immer gut mit Salatblättern, Radieschen, Gurken.

Sie können diese Brötchen auch mit Quark (mit Süßstoff) genießen.

Vanille-Waffeln

> **Zutaten:**

80 g Butter
100 g Magerquark
150 g Eiweißpulver, Vanillegeschmack
4 Eier
Ein paar Tropfen Vanille-Aroma
Öl für das Waffeleisen
2 EL Birkenzucker (oder Streusüße)

> **Zubereitung:**

Butter in der Mikrowelle oder in einem Kochtopf schmelzen, danach mit Quark, Eiweißpulver, Eier, Rum-Aroma und Birkenzucker verquirlen.
Portionsweise in einem Waffeleisen backen.

Kokosmakronen
Ergibt ca. 18 Kokosmakronen

➤ Zutaten:
9 Eiweiß
3 TL Zitronenpulver
6 EL Streusüße (nacheinander beim Schlagen hinzufügen)
370 g Kokosflocken

➤ Zubereitung:
Eiweiß steif schlagen und die Zutaten darunter heben.

Auf das Backblech mit Papier legen.
Ca. 40 Minuten bei ca. 125 Grad im Backofen backen.
Bei geschlossenem Backofen ca. 15 - 20 Minuten abkühlen lassen.

Kekse mit Minzöl ohne Eiweißpulver

➤ **Zutaten:**

110 g gemahlenen Sesam
180 g gemahlene Mandeln
200 g gemahlene Haselnüsse
130 g Butter
4 Eier
1 Tütchen Backpulver
4 TL Süßstoff
2 TL Kakao (Zuckerfrei)
1 TL Zimt
1 Backaroma (Vanille)
3 - 4 Tropfen Pfefferminzöl (aus der Apotheke)
Der Teig muss sich gut formen (drücken) lassen, eventuell
noch gemahlene Mandeln hinzu geben.

➤ **Zubereitung:**

Butter schmelzen, Eier schaumig rühren und die Butter hinzu
geben. Die restlichen Zutaten hinzu geben.
Kleine Bällchen formen und auf dem Backblech (mit Papier)
flach drücken. Bei 180 Grad ca. 30 - 35 Minuten backen.

Zitronen-Zimt-Taler

> ## Zutaten:

125 g Butter
3 Eigelbe
½ TL Kaffeepulver
3 TL Süßstoff
2 TL Zimt
1 Backaroma (Vanille)
2 - 3 EL Eiweißpulver (Schoko)
200 g gemahlene Mandeln
2 EL Zitronensaft
1 TL Backpulver
1 Prise Salz

> ## Zubereitung:

Butter schmelzen, Eigelbe mit Fett und Süßstoff schaumig schlagen, die restlichen Zutaten hinzu geben.
Der Teig muss sich kneten lassen. Den Teig ca. 2 Stunden im Kühlschrank kalt stellen. Aus dem Teig eine Rolle formen und ca. 50 Kugeln formen.
Auf ein mit Backpapier belegtes Blech legen und andrücken.
Bei ca. 160 Grad ca. 10 - 12 Minuten backen.
Haltbar wie normale Kekse zum Beispiel in einer Dose.

Mandel-Taler

> ➤ **Zutaten:**

6 Eier
200 g Butter
1 Tütchen Backpulver
3 EL flüssiger Süßstoff
1 Tütchen Lebkuchengewürz
100 g gemahlene Mandeln, 100 g gemahlene Haselnüsse
8 EL Eiweißpulver (Schoko)
Der Teig sollte sich formen lassen, eventuell etwas mehr Eiweißpulver hinzu geben.

> ➤ **Zubereitung:**

Butter schmelzen, Eier sehr schaumig rühren und die Butter hinzu geben. Dann den Rest der Zutaten. Kleine Bällchen formen und platt drücken und auf ein mit Backpapier ausgelegtes Blech legen. Bei 180 Grad ca. 25 - 30 Minuten backen. Oder ganze Masse auf das Backblech (mit Papier auslegen) verteilen und Vierecke schneiden.

Käsekuchen

> ## ➢ Zutaten für den Boden:

70 g Butter

150 g gemahlene Mandeln

20 g Weizenkleie (oder Dinkelkleie)

70 g Eiweißpulver

½ Fläschchen Backaroma (Vanille)

2 EL flüssiger Süßstoff,

1 Tütchen Backpulver

> ## ➢ Zubereitung:

Den Teig gut vermengen, er krümelt etwas, diese Masse (Krümel) in eine gefettete Springform geben und andrücken.

➤ Für den Belag:

4 Eier
3 Eiweiß
750 g Quark (40%)
1 Fläschchen Backaroma (Vanille)
4 TL flüssiger Süßstoff
1 Päckchen Wackelpudding (Zuckerfrei)

➤ Zubereitung:

Die 7 Eiweiße steif schlagen. Extra: Das Eigelb mit dem Süßstoff und dem Wackelpuddingpulver vermischen. Dann das Eiweiß unterheben. Die Teigmasse auf den Boden geben. Mit Alufolie gleich ca. 35 Minuten abdecken beim Backen und erst zum Schluss ohne Folie weiter backen. Bei 180 Grad ca. 70 Minuten. Dann Backofen ausstellen und ca. 20 - 30 Minuten im geschlossenen Backofen abkühlen lassen.

Mohnkuchen

➢ **Zutaten:**

6 Eier
200 g Mohn
250 g Sahnequark
60 g geschmolzene Butter
5 EL flüssiger Süßstoff, 1 gestrichener TL Natron
30 g Eiweißpulver
1 Fläschchen Backaroma (Vanille)

➢ **Zubereitung:**

Eier schaumig rühren. Alles zusammen rühren und in eine kleine, gefettete Auflaufform geben. Bei 160 Grad 45 - 50 Minuten backen.

Zum Abkühlen im leicht geöffneten Backofen 15 Minuten stehen lassen.

Natürliches Glutamat selbst herstellen

> **Zutaten:**

1 ½ große Zwiebeln
½ Knolle Knoblauch
250 g Karotten
175 g Lauch
250 g Tomaten
1 ½ Knollen Sellerie
1 Bund Petersilie
1 Bund Liebstöckel
60 g Meersalz

> **Zubereitung:**

Den Backofen auf 90 Grad vorheizen. Karotten, Lauch, Sellerie, Zwiebeln schälen und putzen. Dann in gleichmäßige Stücke schneiden. Tomaten vom Stielansatz befreien und klein würfeln. Den Knoblauch häuten und klein pressen. Petersilie und Liebstöckel fein hacken. Alles in einer Schüssel gleichmäßig vermengen und auf das Backblech verteilen. Bei 90 Grad zirka sechs Stunden im Ofen trocknen lassen. Nicht zu viel Gemüse auf einmal auf das Blech legen – so kann es gleichmäßiger und schneller trocknen. Im Anschluss die Trockenmasse in einen Mixer geben und fein mahlen. In einem verschlossenen Gefäß ist das Glutamat bis zu zwölf Wochen haltbar! Zum Würzen benötigt man nur zirka 1 TL Pulver - für etwa 150 ml Flussigkeit.

Möhren Puffer

➢ **Zutaten:**
5 große Möhren
3 Eier (mittel)
3 Frühlingszwiebeln
½ Bund Schnittlauch
2 – 3 EL Semmelbrösel
3 Prisen Pfeffer, ½ TL Salz
1 Prise Zucker, 1 Prise Zimt
2 Prisen Ingwerpulver, ½ TL Currypulver
½ TL Paprikapulver süß
1 TL Zitronensaft, 100 g saure Sahne
3 – 4 EL Pflanzenöl zum Ausbacken
Küchenkrepp

➢ **Zubereitung:**
Frühlingszwiebeln fein hacken und zur Seite stellen.
Schnittlauch in kleine Stifte schneiden und zur Seite stellen.
Möhren waschen, schälen und fein reiben. In einem Sieb gut
ausdrücken und zirka 15 Minuten abtropfen lassen.
Die Eier in einer Schüssel verquirlen.
Möhren, Frühlingszwiebeln (1 EL für die Garnierung zurück
behalten), Semmelbrösel, Zitronensaft und die Gewürze gut
miteinander mischen.
Pfanne heiß werden lassen und das Öl hinzu geben.
Mit einem großen Esslöffel kleine Puffer in die Pfanne geben
und von jeder Seite knusprig braten.
Küchenkrepp auf einen großen Teller legen und die Puffer
darauf legen.
Die Puffer mit den Frühlingszwiebeln und Schnittlauch über-
streuen und mit etwas saurer Sahne servieren.
Tipp
Anstatt Schnittlauch können Sie auch Petersilie nehmen.
Anstatt Frühlingszwiebeln können Sie auch 2 kleine Zwiebeln
nehmen.

Thai-Salat mit Kokosdressing

➤ **Zutaten:**

350 g Chinakohl
3 mittlere Stangen Staudensellerie
2 Möhren
200 g grüne Bohnen (aus dem Glas)
4 Frühlingszwiebeln
1 Knoblauchzehe
2 EL Zitronensaft
2 EL Kokosmilch, 1 TL Kokosflocken
2 EL flüssige Sahne
3 EL Erdnusscreme (ohne Zucker)
1 EL Chilisoße
1 TL Sojasoße
½ TL Salz
1 MSP Pfeffer

➤ **Zubereitung:**

Chinakohl waschen, trocknen, in Stücke zupfen.
Sellerie und die Möhren waschen, schälen und in dünne Streifen schneiden.
Frühlingszwiebeln klein würfeln und mit dem Chinakohl, Sellerie und Möhren in eine Schüssel geben.
Den Knoblauch klein pressen.
Mit den restlichen Zutaten in der großen Schüssel mischen und zirka 20 Minuten ziehen lassen.

Tipp: Der Salat hält sich 2 Tage im Kühlschrank und passt auch zu vielen Fleischgerichten oder nur mit Low Carb Brot.

Vegetarisches Chili con Carne

➢ **Zutaten:**

200 g Kidneybohnen (aus der Dose)
400 g Kohlrabi (aus dem Glas)
1 grüne Paprika
1 gelbe Paprika
1 kleine Möhre
3 Tomaten
1 Zwiebel
2 Knoblauchzehen
3 EL flüssige Sahne
2 EL Zitronensaft
2 EL Olivenöl
1 TL Chilipulver
1 TL Paprikapulver
½ TL Currypulver
½ TL Salz
250 ml Gemüsebrühe
3 EL Olivenöl

➢ **Zubereitung:**

Pfanne heiß werden lassen, Olivenöl hinzu geben.
Zwiebel schälen und in kleine Würfel schneiden
Tomaten, Möhre und die Paprika waschen und klein würfeln.
Zirka 8 Minuten im Öl leicht anschwitzen.
Knoblauchzehen schälen und pressen.
Gemüsebrühe, Gewürze, und die restlichen Zutaten hinzu geben. Dazu schmeckt Low Carb Brot.

Tipp: Low Carb Brot Scheiben mit Olivenöl beträufeln, mit Käse belegen und im Backofen bei 200 Grad 6 Minuten überbacken.

Eisbergsalat mit Avocados

➤ **Zutaten:**

2 Grapefruits
3 Avocados
2 EL trockener Weißwein, 2 EL Zitronensaft
1 unbehandelte Zitrone für die Scheiben
1 EL Tomatenketchup
1 Eisbergsalat
1 Eigelb
4 EL Olivenöl
1 TL Senf
1 EL Essig
3 EL frischen Schnittlauch
½ TL Chilipulver
½ TL Salz
2 MSP Pfeffer

➤ **Zubereitung:**

Salat waschen und die Blätter ganz lassen.
Zitrone in Scheiben schneiden.

Für die Mayonnaise: Eigelb, Senf, Öl, Essig, Salz und Pfeffer, gut miteinander verrühren und kühl stellen.
Grapefruit halbieren, das Fruchtfleisch herausschneiden und in eine Schüssel geben.
Avocados halbieren, den Stein herausnehmen und das Fruchtfleisch in Würfel schneiden.
Mit der Grapefruit mischen und mit Zitronensaft und dem Wein beträufeln.
Salz, Pfeffer, Chilipulver und Ketchup dazugeben und alles vorsichtig mit der Mayonnaise vermischen.
Schnittlauch grob schneiden.
Eine Glasschüssel mit den Salatblättern auslegen und den fertigen Salat darauf anrichten. Mit Zitronenscheiben garnieren und bis zum Servieren kühlstellen.

Zucchini mit Feta und Tomaten

> Zutaten:

300 g Feta
3 – 4 Zucchini
200 g Tomatenstücke aus der Dose
1 Bund frische Kräuter
½ TL Salz
2 Prisen Pfeffer
½ TL Paprikapulver (süß)
3 EL Olivenöl
½ L Salzwasser (1 TL Salz)

> **Zubereitung:**

Den Käse in vier gleich große Stücke schneiden.
Zucchini waschen, in der Länge in 4 mm dünne Scheiben schneiden und im Salzwasser 25 Sekunden blanchieren, abschrecken und abtropfen lassen.
Je 2 – 3 Scheiben der Zucchini um den Käse wickeln.
Diese Päckchen nebeneinander in eine feuerfeste Form (etwas mit Öl auspinseln) legen. Es sollte noch ein kleiner Rest der Zucchini übrig bleiben.
2 EL Olivenöl mit Salz, Pfeffer und Paprika verrühren und die Zucchini-Päckchen damit bestreichen.
Im Backofen bei 175 Grad zirka 20 Minuten backen.
Inzwischen die Tomaten mit 1 EL Olivenöl erhitzen, übrige Zucchinischeiben in Streifen schneiden und dazugeben.
Die Soße mit Salz und Pfeffer kräftig abschmecken.
Die Kräuter klein hacken. Die Käse-Zucchini-Päckchen auf der Tomatensoße mit den Kräutern anrichten.

Ente mit Walnusssoße

> ## Zutaten:

1 kleine Ente oder eine ½ Ente
1 Granatapfel
1 Zwiebel
1 kleine Möhre
200 g gemahlene Walnüsse
2 EL grob gehackte Walnüsse (zum Garnieren)
1 EL Tomatenmark
½ TL gemahlener Kurkuma
2 EL Granatapfelsirup (Achtung Zucker, wenn auch wenig)
½ TL Salz, 2 – 3 Prisen Pfeffer
200 – 250 ml heißes Wasser
1 EL Honig, 4 EL Olivenöl

> ## Zubereitung:

Zwiebel und Möhre klein würfeln und in Olivenöl anbraten. Tomatenmark zufügen, kurz mitbraten. Gemahlene Nüsse, Granatapfelsirup, Salz, Pfeffer und Kurkuma zugeben, alles vermischen und mit heißem Wasser aufgießen, sodass sich eine etwas dickliche Soße ergibt.

Ente in 2 Teile oder 4 Teile zerlegen, mit Pfeffer und Salz würzen und auf jeder Seite in Öl in einer gesonderten Pfanne anbraten. Die Zwiebel/Möhre/Nüsse-Masse zu der Ente in die Pfanne geben und zirka 90 Minuten auf kleiner Flamme garen lassen. Zwischendurch vorsichtig umrühren.

In der Zwischenzeit den Granatapfel aufschneiden und die Kerne mit dem Löffel herauslösen und zur Seite stellen.

Wenn die Ente fertig ist, auf zwei Teller legen und mit den Granatapfelkernen und 2 EL grob gekackten Walnüssen bestreuen.

Hähnchenschenkel mit Kapern und Oliven

➢ **Zutaten:**

4 Hähnchenschenkel
2 Frühlingszwiebeln
1 Knoblauchzehe
8 entkernte Trockenpflaumen
12 entkernte Oliven
2 EL Kapern
1 TL Thymian getrocknet
1 TL Koriander getrocknet
1 TL Koriander zur Garnierung
½ TL Salz
3 Prisen Pfeffer
2 Lorbeerblätter
1 TL Zitronensaft
200 ml Weißwein
4 EL Olivenöl

➢ **Zubereitung:**

Die Hähnchenschenkel werden mariniert und über Nacht im Kühlschrank gelagert.
Hähnchenschenkel mit den Gewürzen, Lorbeerblätter, Zitronensaft, Weißwein, 2 EL Olivenöl, Pflaumen, Oliven und Kapern in eine hohe Schüssel geben und gut durchmischen.
Frühlingszwiebeln klein schneiden und zu den Hähnchenschenkeln geben.
Knoblauch klein hacken und zu den Hähnchenschenkeln geben.
Wieder alles gut durchmischen und abgedeckt (vielleicht mit einem Teller, oder sie verwenden eine Plastikschüssel mit Deckel) über Nacht in den Kühlschrank stellen.
Die Hähnchenschenkel aus der Marinade nehmen und in einem Sieb gut abtropfen lassen.
Die Marinade aufheben!

Eine hohe Pfanne heiß werden lassen und 2 EL Öl hinein geben.
Die Hähnchenschenkel auf beiden Seiten gut anbraten
Die Marinade zum Fleisch geben und kurz aufkochen lassen.
Auf kleiner Flamme das Ganze zirka 40 Minuten köcheln.
Mit Koriander bestreut servieren.

Tipp:
Anstatt Hähnchenschenkel können Sie auch Hähnchenflügel oder Hähnchenbrustfilet nehmen.
Anstatt Trockenpflaumen können Sie auch getrocknete Aprikosen verwenden.
Anstatt die Fleischteile mit Koriander zu bestreuen, können Sie auch Schnittlauch oder Petersilie verwenden.

Klassische Hühnersuppe

➢ **Zutaten:**
1 kleines Huhn
1 Zwiebel – vierteln, 2 Knoblauchzehen
4 Möhren – in grobe Stücke schneiden
2 Stangensellerie – in grobe Stücke schneiden
1 Bund Schnittlauch – ein TL zurück behalten
1 Bund Petersilie – ein TL zurück behalten
½ Bund Dill
1 TL Salz, ½ TL Pfeffer, 1 EL Zitronensaft

➢ **Zubereitung:**
Das Huhn waschen und mit der Brustseite nach unten in einen großen Topf legen. Den Topf mit kaltem Wasser (bis 10 cm unter den Topfrand) auffüllen. Möhren, Zwiebeln, Sellerie und die Kräuter hinzu geben und alles zum Kochen bringen. Zirka 2 Stunden leicht köcheln lassen (Nicht kochen). Den Topfdeckel dazu etwas verschoben darauf legen. Zwischendurch immer wieder das Fett abschöpfen. Mit Salz und Pfeffer würzen. Nach 2 Stunden den Knoblauch und den Zitronensaft hinzu geben und eine weitere Stunde kochen.
Insgesamt kocht die Suppe zirka 3 Stunden.
Hühnerbrühe abseihen und die Brühe zurück in den Topf geben. Hühnerfleisch von den Knochen ablösen, die Haut entfernen. Das Fleisch in mundgerechte Stücke schneiden und zur Suppe geben. Nochmal mit Salz und Pfeffer abschmecken. Die Suppe wird mit frischer Petersilie und Schnittlauch serviert.
Tipp:
Anstatt einem Huhn kann man die Suppe auch mit Hühnerteilen kochen. Die Kochzeit verringert sich dann auf die Hälfte (1 bis 1 ½ Stunden).

Rindfleisch mit weißen Bohnen

➤ **Zutaten:**

700 g Rindfleisch
Zirka 400 weiße Bohnen aus der Dose
1 Zwiebel
1 Knoblauchzehe
1 Möhre
1 Tomate
1 kleine milde Peperoni
1 TL Salz
½ TL Pfeffer
1 TL Chiliflocken
1 EL Tomatenmark
2 EL Zitronensaft
Zirka ½ Liter Gemüsebrühe (oder Hühnerbrühe)
3 EL Olivenöl

➤ **Zubereitung:**

Fleisch waschen und abtupfen. In grobe Würfel schneiden.
Zwiebel schälen, waschen und in feine Würfel schneiden.
Knoblauchzehe schälen, waschen und in sehr dünne Scheibchen schneiden.
Möhre schälen, waschen und in grobe Scheiben schneiden.
Tomate waschen und vierteln.
Pfanne heiß werden lassen und das Öl hinzu geben. Das Fleisch hinzu geben und von allen Seiten stark anbraten.
Alle Zutaten (außer die weißen Bohnen) hinzu geben und zirka 2 Stunden auf kleiner Flamme köcheln. Dabei den Deckel schief auflegen.
Wenn das Fleisch gar ist, die Bohnen dazu geben und nochmal abschmecken. Zirka 10 Minuten weiter garen.

Geschmortes Rindfleisch mit Blumenkohl

➤ **Zutaten:**

700 g Rindfleisch vom Bug in Würfel schneiden
1 kleiner Blumenkohl
2 kleine Zwiebeln
3 Knoblauchzehen
2 Möhren klein würfeln
4 EL Öl
700 ml Fleischbrühe
Je ½ TL getrockneter Thymian, Salz, Pfeffer

➤ **Zubereitung:**

Blumenkohl waschen, in Röschen zerteilen und im Salzwasser (2 EL) 10 Minuten garen. Zur Seite stellen.
Fleischwürfel in Öl anbraten dann alle Zutaten (ohne den Blumenkohl) hinzu geben und bei kleiner Hitze zugedeckt in der Pfanne zirka 1 ½ Stunden schmoren. Zum Schluss den Blumenkohl hinzu geben.

Lammkeule mit Minze

> ➤ **Zutaten:**

700 g Lammkeule
1 Zitrone in dünne Scheiben schneiden
5 EL frische Kräuter
1 TL Senf
3 Knoblauchzehen in dünne Scheiben schneiden
1 TL Salz
2 Prisen Pfeffer
½ TL Curry
1 EL getr. Pfefferminzblätter
200 ml Gemüsebrühe

> ➤ **Zubereitung:**

Die Lammkeule einölen, würzen und in einen Bratschlauch geben. Im Backofen bei 200 Grad 1 ½ Stunden garen.
Zu dem Bratenfond die Kräuter, Senf, Knoblauch, Pfeffer und den Curry geben und etwas Brühe dazu geben.
Nochmal 20 Minuten zart garen und zum Schluss die Pfefferminzblätter dazu geben.

Merguez-Salat
3 – 4 Portionen (Vorrat)

➢ **Zutaten:**

6 – 8 Merguez-Würstchen (Lammwürstchen)
6 Tomaten
2 rote Paprikaschoten
4 rote Zwiebeln, 1 Knoblauchzehe
2 Zweige Dill
1 Dose Artischockenböden
2 Limetten (bio), 3 EL Olivenöl
1 TL Ras el Hanout (Ras el Hanout ist eine marokkanische Gewürzmischung, die besonders gut zu Couscous- und Fleischgerichten passt)
3 EL Kapern
½ TL Salz, 2 – 3 Prisen Pfeffer

➢ **Zubereitung:**
Tomaten waschen und quer halbieren, Paprika waschen, entkernen und in breite Streifen schneiden, Zwiebeln schälen und die Artischocken abtropfen lassen.

➢ **Für das Dressing:**
Die Limettenschale ab raspeln, Früchte auspressen, Knoblauch schälen und sehr fein hacken. Dill hacken. Den Limettensaft mit Schale, 1 EL Olivenöl, Knoblauch, Ras el Hanout und Kapern verquirlen und mit Salz und Pfeffer würzen.
Restliches Öl in einer Grillpfanne erhitzen und das Gemüse darin nacheinander jeweils zirka 6 Minuten anbraten, herausnehmen und in eine Auflaufform füllen. Mit Dressing übergießen. Zirka 40 Minuten marinieren lassen.
Würstchen in der Grillpfanne oder im Backofen unterm Grill knusprig braten. Mit dem Salat servieren.

Hackfleisch-Salatgurke überbacken

➤ **Zutaten:**
2 kleine Salatgurken
300 g Hackfleisch
1 Zwiebel
1 Knoblauchzehe
200 g geriebener junger Gouda
2 Prisen Pfeffer
1 TL Salz,
1 TL Curry
Zirka 150 ml flüssige Sahne

➤ **Zubereitung:**
Hackfleisch in der heißen Pfanne ohne Öl anbraten, die Gurken halbieren und aushöhlen.
Die Zwiebel/Knoblauch und das Innere der Gurke würfeln und zum Hackfleisch geben. Würzen und mischen.
Die Gurken mit der Mischung füllen und mit Käse bestreuen.
In eine Auflaufform legen, etwas Sahne dazu geben und für 30 Minuten im Backofen bei 180 Grad überbacken.

Hackfleisch-Pizza mit Schmand

➢ **Zutaten:**

500 g Hackfleisch
1 Dose Champignons
4 Scheiben Koch-Schinken
4 Scheiben jungen Gouda oder Butterkäse
1 Becher Schmand (zirka 200 g)
½ TL Currypulver
½ TL Paprikapulver (süß)
½ TL Salz
3 Prisen Pfeffer
3 EL Sonnenblumenöl

➢ **Zubereitung:**

Öl auf ein Backblech geben und das Hackfleisch darauf geben und glatt streichen. Schmand darauf verteilen.
Mit Salz, Pfeffer, Curry- und Paprikapulver würzen. Champignons darauf geben.
Kochschinken in Würfel schneiden, darauf geben und mit dem Käse belegen.
Im Backofen bei 180 Grad zirka 40 Minuten backen.
Nach zirka 20 Minuten kontrollieren, ob abgedeckt werden muss, damit der Käse nicht verbrennt.

Okra mit Hackfleisch

➤ **Zutaten:**

500 g Hackfleisch (wie gewohnt mit Gewürzen/Zwiebeln braten)
750 g Okra
2 Zwiebeln
2 Knoblauchzehen
2 Tomaten - fein hacken
Etwas frischen Ingwer
Je 2 TL Kreuzkümmel, Koriander, frische Kräuter
Je ½ TL Fenchelsamen (gemahlen), Cayennepfeffer, Kurkuma
1 TL Salz
4 EL Öl
200 ml Fleischbrühe

➤ **Zubereitung:**

In die heiße Pfanne etwas Öl hinein geben und eine Schicht Okra hinein geben. 3 – 4 Minuten von allen Seiten anbraten und aus der Pfanne nehmen. Schicht für Schicht braten. Zwiebeln in die Pfanne geben, anbraten und den Knoblauch/Ingwer und Gewürze hinzu geben. Zum Schluss die Tomaten. Die Fleischbrühe dazu geben und zirka 25 Minuten auf kleiner Flamme mit geschlossenem Deckel schmoren. Auf dem Teller anrichten und das Hackfleisch dazu legen. Man kann das Ganze auch in eine Auflauf-Form geben und mit Käse kurz im Backofen bei zirka 200 Grad – 20 Minuten überbacken.

Infos: Vor über 3000 Jahren wurde das Gemüse „Okra" in Ostafrika kultiviert. Die Hauptanbaugebiete sind Kenia, Indien, Thailand, Süd-, Mittel- und Nordamerika, der Orient und auch die Mittelmeerländer. Wer Okras schon mal gegessen hat, beschreibt ihren Geschmack als mild und auch säuerlich-pikant. Manche sagen auch, Okras schmecken wie eine Mischung aus grünen Bohnen und Stachelbeeren.

Spargel-Schinken-Röllchen

➢ **Zutaten:**

4 Scheiben Kochschinken
4 Scheiben junger Gouda
2 Eier
50 ml Sahne
80 g geriebener junger Gouda
1 Glas Spargel
½ TL Salz
2 Prisen Pfeffer
½ TL Curry
½ TL Knoblauchpulver

➢ **Zubereitung:**

Die Schinkenscheibe mit einer Käsescheibe belegen und 2 – 3 Spargel darauf legen und zu Röllchen einwickeln.
In eine Auflaufform schichten.
Die Eier verquirlen, einen kleinen Schuss Sahne dazu geben und würzen und über die Röllchen gießen.
Den geriebenen Käse darüber streuen und bei 180 Grad 20 Minuten in den Backofen schieben.

Hackfleisch Lauch Muffins

➢ **Zutaten:**
500 g gemischtes Hackfleisch
2 Stangen Lauch
2 rote Chilischoten
1 Knoblauchzehe
3 EL stückige Tomaten
4 EL Tomatenmark
1 TL Sambal Oelek
½ TL Sternanis
½ TL Koriander
½ TL Persisches Blausalz
1 – 2 Prisen Cayennepfeffer

➢ **Zubereitung:**
Lauch waschen, putzen und in Ringe schneiden.
Chilischote waschen, längs aufschneiden, entkernen und in Würfel schneiden.
Knoblauchzehe schälen und fein hacken.
Fleisch, Tomatenmark, Lauch, Chili, Knoblauch, Tomaten, Gewürze zu einem Teig verarbeiten.
Den Fleischteig in Muffinförmchen füllen und im Backofen bei 170 Grad zirka 40 Minuten backen.

Tipp:
Auch diese Muffins kann man auf Salatblätter setzen.
Und um die Muffins vielleicht auch noch Tomatenscheiben legen und gelbe und grüne Paprikastreifen…

Infos über die Ernährung Low Carb

Bei der Low Carb Ernährung (LC) handelt es sich um eine langfristige, gesunde und bewusste Ernährungsumstellung und es kommt auch nicht zu dem berüchtigten Jo-Jo-Effekt oder Heißhunger.
Kurz erklärt: Low Carb heißt "Wir essen weniger Kohlenhydrate".

Es ist schon eine Lebensumstellung kohlehydratarm zu essen, besonders im Kreise der Familie und bei Freunden werden die Essgewohnheiten anfangs kritisiert und in Frage gestellt. Die kohlenhydratarme Ernährungsform „Low Carb" ist ein großer Schritt in Richtung eines wesentlich gesünderen Lebens und ein Weg aus dem größten Ernährungsdilemma unserer Zeit, denn letztendlich kommt es darauf an, was aus der Nahrung herausgeholt wird, und das kann ganz unterschiedlich sein.
Eine gesunde Ernährung heißt vor allem möglichst natürliche und abwechslungsreiche Kost und wer auf die Kohlenhydrate in der Ernährung achtet, braucht keine Diät.
Bewusstes Essen gepaart mit Bewegung hält fit und macht Spaß. Das allgemeine physische, physiologische und auch sozial-psychologische Wohlbefinden des Menschen liegt in der direkten Verbindung mit der Qualität der aufgenommenen Nahrung.
Unsere Gesundheit ist das Wichtigste in unserem Leben.
Ihr Stellenwert wird oft erst bei Krankheit oder mit zunehmendem Alter erkannt.
Jeder kann frei entscheiden, wie er sich ernährt und hat damit großen Einfluss auf seine Gesundheit. Unser Immunsystem schützt uns vor Krankheitserregern wie Bakterien oder Viren und solange unsere körpereigene Abwehr funktioniert, stellt sie eine wirkungsvolle Barriere für Krankheitserreger dar. Ist unser Immunsystem jedoch geschwächt, haben Krankheiten ein leichtes Spiel.

Was sind Kohlenhydrate?

Ein Chemiker würde diese Kohlenhydrate „Zucker" nennen.
Und Zucker ist Glukose.

Kohlenhydrate sind enthalten in:
Zucker, Mehl, Kartoffeln, Reis, Mais (Brot, Nudeln etc.).
Hülsenfrüchte: Die Kohlenhydrate liegen im mittleren Bereich.
In Obst je nach Süße und Gemüse (kein Mais) zum Teil gute Kohlenhydrate.
Nüsse, Milchprodukte, Käse, Eier haben wenige Kohlenhydrate.
Fleisch, Fisch, Fett und Öle haben keine Kohlenhydrate.

Beispiele: Pro 100 g

Zucker 100	Fruchtzucker100
Cornflakes 85	Haferflocken 85
Knäckebrot 75	Zwieback 75
Brötchen 50	Vollkornbrot 50
Weizenstärkemehl 85	Reisstärkemehl 85
Kartoffelmehl 75	Kartoffeln 25
Kartoffel-Püree 75	Kartoffel-Frites 35
Reis 25	Nudeln 25
Banane frisch 21,4	Himbeeren frisch 04,8
Mandarinen frisch 10,1	Rhabarber frisch 01,4
Apfel geschält 12,4	Blattspinat frisch 00,6
Blumenkohl gegart 01,6	Broccoli gegart 01,9
Erbsen grün gegart 12,6	Spargel 01,6
Zuckermais 15,7	

Der Glykämische Index

Der Glykämische Index wird zur Bestimmung eines kohlenhydrathaltigen Lebensmittels verwendet, das den Blutzuckerspiegel ansteigen lässt.
Je mehr Kohlenhydrate gegessen werden, desto schneller steigt der Blutzuckerspiegel.

Das heißt:
Kohlenhydrathaltige Lebensmittel haben einen hohen glykämischen Index, Lebensmittel mit geringfügigen Kohlenhydraten (z. B. wie Gemüse) einen niedrigen glykämischen Index.

GI größer als   70 =   schlecht
GI zwischen   50 und 70 = mittel
GI kleiner als   50 =   gut

Ein hoher GI führt zu einem hohen Anstieg des Blutzuckerspiegels, was dann zu einer hohen Ausschüttung von Insulin führt. Dadurch gibt es eine Steigerung der Aufnahme von Glukose in Muskel- und Fettzellen. Es kommt zu einer Fettspeicherung.
Nach 2 – 4 Stunden kommt es zu einer Unterversorgung mit Energieträgern im Blut, was wir eine Unterzuckerung nennen. Es kommt zu einem Teufelskreis, denn wir haben wieder Hunger. Wir haben Appetit auf kohlenhydratreiche Lebensmittel.
Der starke Abfall des Blutzuckerspiegels bei Lebensmitteln mit hohem GI kann zu Veränderungen im Verdauungsprozess führen sowie zu einem vermehrten Hungergefühl.
Bei übergewichtigen Menschen funktioniert der Kohlenhydratstoffwechsel viel langsamer, aber man kann die Ernährung gut darauf einstellen.

Warum sind zu viele Kohlenhydrate für den Menschen schädlich?

1864 schrieb der Ernährungswissenschaftler William Banting sein erstes Buch über Low Carb Diät: Letter on Corpulence (Brief an die Fettleibigkeit).
Diese Diät wurde auch in Deutschland schon Ende des 19. Jahrhunderts unter dem Namen „Banting-Kur" populär.
In dem Konversationslexikon „Mayer" wurde sie als Heilung von Wohlbeleibtheit und Fettsucht bezeichnet und ist der Vorläufer der Atkins-Diät.
Wissenschaftlich war diese Atkins-Diät bis vor ein paar Jahren wenig akzeptiert (wegen Cholesterinstoffwechsel). Darüber gibt es aber heute neue Studien:
Weitere Quelle: Dr. med. Walter Hartenbach: Die Cholesterinlüge - Das Märchen vom bösen Cholesterin (München 2002)

1996 führte die DCCV (Deutsche Morbus Crohn/*Colitis ulcerosa* Vereinigung) unter der Leitung von Prof. H. Lorenz-Meyer und Prof. P. Bauer mit der Lutz-Diät eine Studie durch:
Wolfgang Lutz veröffentlichte Statistiken über die Entwicklung von Blutwerten, die belegen, dass sich kritische Werte unter seiner fettreichen Diät nicht verschlechterten. Die Cholesterin- und Harnsäure-Werte verbesserten sich bei dieser Diät (Low Carb)!

1892 schrieb ein britischer Arzt: Dr. E. Densmore in seinem Buch: Wie die Natur heilt: Getreidenahrung führe zum frühen Tod!
Wer große Mengen dieser gefährlichen Nahrung zu sich nimmt, sammelt die größte Menge erdiger Grundstoffe an und schädigt seinen Organismus fortwährend.
Diese Ablagerungen, die man sichtbar im Teekessel sehen kann, lagern sich im ganzen Körper ab. Sie verkleistern das Blut. Sie verstopfen die Filtriersysteme und führen zu allen möglichen Krankheiten.

Computertomographien von ägyptischen Mumien zeigen bei Getreideliebhabern große Schäden am Skelett.

1920 behandelte ein amerikanischer Arzt Dr. Russel M. Wilder an der Mayo Clinic in Rochester (New York) Epilepsie kranke Kinder.
Er entwickelte für seine kleinen Patienten eine extrem fettreiche und kohlenhydratarme Diät.
Solch eine Ernährung setzt den Fastenstoffwechsel in Gang.
Also – Fette und Proteine statt Kohlenhydrate.
Seine ketogene Kost war sehr erfolgreich!
Diese ketogene Diät wird schon seit der Antike zur Behandlung von Epilepsie eingesetzt.
1925 veröffentlichte er im Journal of the American Medical Association seine Studie.
M. G. Peterman von der Mayo Clinic berichtet:
Von 37 behandelten Kindern wirkte diese Therapie nur auf 2 Kinder nicht! 13 Kinder hatten nur noch zur Hälfte Anfälle.
Bei 22 Kindern verringerten sich die Anfälle um 90 Prozent.
1940 wurden von der Pharma-Industrie neue Medikamente gegen Epilepsie entdeckt und diese Ernährungsform geriet in Vergessenheit.
Erst seit ca. 17 Jahren wird diese ketogene Kost als Therapie wieder eingesetzt, denn ein Drittel der Patienten sprechen auf die Medikamente nicht ausreichend an.
Verantwortlich, dass die ketogene Kost wieder in Erinnerung trat, ist ein amerikanischer Filmproduzent. Sein kleiner Sohn wurde durch die ketogene Diät von seinen Anfällen befreit! Medikamente haben ihm nicht geholfen.
Er gründete die Stiftung: Charlie Foundation, die entsprechende Forschungen unterstützt und machte die Heilung seines Sohnes mit Filmen publik. Heute wird diese ketogene Kost bereits in über 45 Ländern eingesetzt. In der Schweiz (Zürich) auch in einem Kinderspital.

2001 hat es eine Studie von Forschern des Johns Hopkins Hospitals in Baltimore mit Kindern gegeben, die sehr erfolgreich war! Nach einer einjährigen Diätphase war bei 49 Prozent der behandelten Kinder die Häufigkeit epileptischer Anfälle um mehr als 90 Prozent verringert.

2005 im September – wurde bei einer Konferenz gesagt, dass es bis heute keine Medikamenten-Studie gäbe, die ähnlich gute Ergebnisse zeigte.

Der Grund für die positive Wirkung von kohlenhydratarmer Kost könnten die so genannten Keton-Körper sein, die die Leber während der Ketose als Energieträger bildet.

Zum Beispiel drosselt die Ketose bei Epilepsie die Hyperaktivität der Gehirnzellen.

1950 – 1960 entwickelte der österreichische Arzt Wolfgang Lutz eine Low Carb Diät die der Atkins-Diät gleicht.

Dieser Arzt studierte in Wien und Insbruck Medizin und habilitierte 1943 an der Wiener Universität. Nach dem 2. Weltkrieg arbeitete er lange als Internist in Salzburg.

Sein Buch: Leben ohne Brot – wurde 1967 veröffentlicht.

Er erhielt für sein Werk eine Auszeichnung der Royal-Society-of Medicine sowie im Jahr 2007 den Freedom of the City of London Award und ist Ehrenprofessor der Metropolitan University of Dublin (Irland).

Bei Lutz stand nicht die Gewichtsabnahme im Vordergrund, es ging ihm um die allgemeinen gesundheitlichen Auswirkungen und um die Vorgänge im Körper sowie die Behandlung chronischer Erkrankungen.

Nach seiner Meinung werden die meisten chronischen Erkrankungen durch Hormonstörungen ausgelöst. Verursacht durch zu hohe Insulinausschüttungen.

2004 schrieb Dr. Ehrensperger *(seine Schwerpunkte sind: Metaphysik, Erkenntnistheorie, Rationalismus, Transzendentalphilosophie)*:
Wenn die Leber nicht durch Brot und Getreidespeisen überlastet wäre, könnte sie mit dem Fleisch besser klar kommen.
Wegen zu vieler Kohlenhydrate sind viele Menschen total übersäuert und nicht wegen des Fleischkonsums.

2005 orientiert sich die deutsche Reha-Klinik „Überruh" in Isny an der Logi-Pyramide.
Bei 45 an der Studie teilnehmenden Diabetikern sank innerhalb von drei Wochen das Gewicht um 2,9 Kilogramm.
Der Nüchtern-Blutzuckerspiegel im Mittelwert um 20 Prozent und der HbA1C um 4 Prozent.
Ebenso verbesserten sich die Blutfettwerte und die Medikamente (orale Antidiabetika, Insulin) konnten bei mehr als der Hälfte der Patienten vollständig abgesetzt werden.
Das sind doch für Diabetiker tolle Ergebnisse, die Mut machen!
Den ausführlichen Bericht kann man lesen:
Ernährungstherapie bei Diabetes mellitus Typ 2 mit kohlenhydratreduzierter Kost (Logi-Methode), Peter Heilmeyer, S. Kohlenberg, A. Dorn, S. Faulhammer, R. Kliebhan.

2007 gab es Studien an der Universitätsklinik in Tübingen an Patienten, die an schwer therapiebaren Hirntumoren litten.
Auch an der Universitätsklinik in Würzburg gab es Studien mit Patienten mit verschiedenen Krebsarten in einem weit fortgeschrittenen Stadium.
Die Patienten galten als austherapiert!
Bei einem Teil der Patienten verlangsamte sich das Tumorwachstum, der Allgemeinzustand verbesserte sich beachtlich bei einer kohlenhydratreduzierten Kost.

Zum Beispiel fand Thomas Seyfried vom Boston College in Chestnut Hill heraus, dass bei Mäusen mit Gehirntumoren mit ketogenem Futter, die Tumore langsamer wuchsen.

Frau Budwig dokumentiert in ihrem Buch: Krebs, das Problem und die Lösung, dass ihre neuen Erkenntnisse seit Jahrzehnten Professoren der Deutschen Krebshilfe und auch Politikern bekannt sind.
ABER: Auch wenn dies bekannt ist, bedeutet dies noch lange nicht, dass diese Erkenntnis auch umgesetzt wird.
Die Konsequenzen tragen immer noch die nicht informierten Patienten. Die Schulmedizin interessiert sich leider erst seit kurzem für diese Ernährungsform.

Seit ein paar Jahren diskutiert jetzt die Fachwelt, ob sich die ketogene Diät auch bei Erkrankungen wie Alzheimer oder Parkinson positiv auswirken könnte.
Bei Alzheimer-Patienten ist die Verwertung von Glukose im Gehirn verringert.
Bei Parkinson-Patienten spielt das Entstehen eines Defekts in den Mitochondrien eine Rolle.
Bei Versuchen an Mäusen stellten die Wissenschaftler fest, dass tatsächlich bei Alzheimer-Mäusen die Ablagerung des so genannten Amyloid-Beta-Proteins im Gehirn durch die ketogene Diät um 25 Prozent verringert wurde.
Die Parkinson-Mäuse waren in einer einwöchigen Keton-Körper-Infusion teilweise vor den typischen Nervenschäden und Bewegungsstörungen geschützt.

Es gibt heute vereinzelte Studien mit Alzheimer- oder Parkinson-Patienten, die mit dieser Diät-Form positive Wirkungen zeigten.

Ein Wissenschaftlerteam bewies an der Universität Jena und Potsdam sowie dem Deutschen Institut für Ernährungsforschung, dass der Tumor aufhört zu wachsen, wenn die Krebszellen von Gärung wieder zur normalen Nutzbarkeit übergehen. Diese Studie wurde 2006 im Fachmagazin Human Molecular Genetics veröffentlicht.

Der Wissenschaftler und Tumorbiologe Dr. Johannes F. Coy aus Habitzheim fand heraus, dass Metastasen bildende Krebsformen ihre Energie nicht aus der Verbrennung von Zucker zu Kohlendioxyd und Wasser gewinnen, sondern aus der Vergärung von Glukose zu Milchsäure.
Er erklärt auch, warum Krebs am Herzen extrem selten ist.
Der Herzmuskel gewinnt immer seine Energie aus der Fettverbrennung, selbst wenn Glukose als Treibstoff ausreichend vorliegt. Selbst wenn sich ein Herztumor bildet, ist dieser fast immer gutartig.

1995 wurden von Coy folgende Ergebnisse nachgewiesen:
Je mehr Zucker und Kohlenhydrate dem Körper als Energieträger zur Verfügung stehen, desto aktiver wird dieses Enzym bei Krebs.
-Krebsforschungszentrum Heidelberg-

Die Forscher sehen jetzt eine Möglichkeit, über die kohlenhydratarme Ernährungsform den Krebszellen ihre Energie und Lebensgrundlage zu entziehen und sie so zum Absterben zu bringen. Diese Tumorzellen sind auf Zucker (Glucose) als Treibstoff angewiesen.

Der Wiener Internist Dr. Ewald Riegler sagt:
Menschen bekommen Migräne-Anfälle, weil ihre Gefäßmuskulatur unterernährt ist.
Dies würde passieren, wenn der Körper zu schnell die Kohlenhydrate aufnimmt.
Die Bauchspeicheldrüse muss dann viel Insulin produzieren, um den Zucker den Zellen zuzuführen.
Dr. Riegler hat das folgendermaßen beschrieben:
Durch die Zellen-Tür passen pro Minute nur 10 Insulin-Zucker-Teilchen, aber 10.000 Insulin-Zucker-Teilchen wollen gleichzeitig rein.
Sie zertreten sich gegenseitig.
Die Folge ist dann, dass die Zelle gar nichts bekommt und krampft.
Rieger empfiehlt Migräne-Patienten zunächst Fleisch, Fisch und Rohkost zu essen. Außerdem sollen die Betroffenen solange Äpfel essen, bis die Attacke vorbei ist.

Die renommierte Nurse´s Health Studie aus den USA habe gezeigt, dass ein hoher Fettkonsum das Risiko für Herzkreislauf-Krankheiten **nicht** erhöht.
Sie sagt aus, dass der Verzicht auf tierische Fette ein doppeltes Schlaganfall-Risiko mit sich bringt.
Nicht das Fett macht fett, sondern die vielen Kohlenhydrate sind schuld an vielen chronischen Erkrankungen und Übergewicht.

Das Backen

Beim Backen handelt es sich immer um Ober- und Unterhitze (Backofen).

Xylit

Xylit besitzt die gleiche Süßkraft wie der herkömmliche Haushaltszucker.

Der Zuckerersatzstoff verstoffwechselt weniger Insulin im Körper und wird aus diesem Grunde oft in Produkten für Diabetiker verwendet.

Zum Beispiel: Während ein Gramm Saccharose zirka 4 Kalorien enthält, sind es bei Xylit nur 2,4 Kalorien pro Gramm.

Er ist auch bekannt unter den Namen "Birkenzucker oder Xylitol" und schmeckt genauso süß wie normaler Zucker. Auch hat er eine ähnliche Konsistenz.

Er gehört (chemisch betrachtet) nicht zu den Kohlenhydraten (KH), sondern zu den Zuckeralkoholen (E 967).

Eiweißpulver als Mehlersatz (Proteinpulver)

In vielen Rezepten „mit Eiweißpulver" wird ein Proteinpulver mit wenig KH (Kohlenhydrate) verwendet.

Bei kohlenhydratarmer Ernährung (Low Carb) achtet man auf die KH. Die KH sind von Firma zu Firma verschieden (0,5 KH auf 100 g – 2,8 KH auf 100 g).

Das Eiweißpulver wird von Sportlern „eigentlich" für den Muskelaufbau benutzt. Es eignet sich auch zum Backen und Kochen in einer kohlenhydratarmen Ernährung.

Man bekommt dieses Pulver in allen möglichen Geschmacksrichtungen (auch mit neutralem Geschmack). Kaufen kann man es in Sportgeschäften, Bodybuildershops, großen Supermärkten und Reformhäuser.

Wer mehr Infos über Eiweißpulver erfahren möchte, gibt dieses Wort einfach als Suchfunktionswort ein.

Rezensionen zum Buch
"Plötzlich Diabetes"
Demnächst in 4. Auflage

Dr. Matthias Riedl schreibt über das Buch im Diabetes Blog:
Sehr geehrte Frau Schütz,
ich kann Ihr Buch aus ärztlicher Sicht ebenfalls sehr empfehlen. Es hilft anderen Betroffenen, ihre eigenen Ängste besser zu überwinden, wenn sie merken, wie andere es gemacht haben. Lesenswert! Diese Hilfe kann nur von Betroffenen geleistet werden. So relativieren sich schnell die eigenen Ängste. Nach dem ersten Schock mit der Diagnose Diabetes braucht die Seele ein paar Monate zur Akzeptanz. Dann geht das Leben weiter. Übrigens meist ohne Einschränkung der Lebenserwartung – wenn alle, Patienten und Ärzte - gut zusammenarbeiten. Genau dies haben sich das medicum Hamburg und ich persönlich zum Ziel gesetzt. Mit freundlichen Grüßen - Ihr Dr. Matthias Riedl (ärztlicher Leiter medicum Hamburg)

Plötzlich Diabetes - Es geht auch ohne Pillen
Autorin: Jutta Schütz - Verlag: Books on Demand
3. Auflage (25. Juni 2014)
ISBN-10: 3732247724 und ISBN-13: 978-3732247721
Taschenbuch: 112 Seiten - Sprache: Deutsch

Das blutzuckersenkende Hormon Insulin ist entscheidend am Wachstum der Fettdepots beteiligt.

Wenn wir viele Kohlenhydrate essen, wird auch viel Insulin ausgeschüttet, das den Blutzuckerspiegel wieder senkt. Es hemmt aber auch gleichzeitig die Fettverbrennung in der Muskulatur. Dies wiederum fördert die Fetteinlagerung im Fettgewebe.

Insulin ist ein Masthormon. Essen wir also zu viele Kohlenhydrate, verbrennt unser Körper weniger Fett. Dadurch sinkt unser gutes HDL-Cholesterin und die Triglyzerid-Werte erhöhen sich. Das schlechte LDL-Cholesterin wird aggressiv (atherogen). Es entsteht nicht selten eine Diabetes mellitus Typ 2, Herzinfarkt oder Schwangerschaftsdiabetes.

Die Diabetes Federation sagt:
1985 hatten weltweit – 30 Millionen Menschen Diabetes.
10 Jahre später waren es bereits 150 Millionen.
Im Jahr 2030 sollen 500 Millionen Menschen an Diabetes leiden. Dies schätzt die Weltgesundheitsorganisation (WHO).)
Nach Dr. Wolfgang Lutz soll der Mensch jeden Tag nur ca. 6 Broteinheiten zu sich nehmen.
Das entspricht etwa dem täglichen Zuckerverbrauch des Gehirns.
Das heißt: Pro 1 kg Körpergewicht (pro Tag) 0,8 g Kohlenhydrate.
Das wäre für einen 70 kg Menschen ca. 50 – 70 g Kohlenhydrate täglich.

LOW CARB Buchtipps

Sie suchen nach Abwechslung für Ihre Low Carb Ernährung?

Die Low Carb Ratgeber enthalten umfangreiche Rezepte, ganz gleich ob Sie abnehmen wollen, gesünder essen möchten, Rezepte für die Familie, für unterwegs, oder für Festlichkeiten suchen – es gibt für jede Situation die passenden Rezepte.
Sie lernen auch die Grundlagen von Low Carb kennen und wissen so immer ganz genau, was Sie essen dürfen.

Infos: www.jutta-schuetz-autorin.de/

LOW CARB
kohlenhydratarme
Ernährung

**Reizdarm-
Patienten
vertragen
oft kein
normales
Brot**

**Das Buch: LOW CARB
für Berufstätige mit
empfindlichem Darm
beinhaltet schnelle,
einfache und
alltagstaugliche Rezepte**

Als mögliche Auslöser der Reizdarm-Beschwerden gelten sogenannte FODMAPs, niedermolekulare Zucker, die im Korn gespeichert werden. Im Körper können sie Blähungen und Bauchschmerzen verursachen. Es gibt viele verschiedene Verdauungsprobleme, wie etwa Sodbrennen, Völlegefühl, Bauchkrämpfe, Blähungen bis hin zu täglichen Durchfällen. Die meisten basieren auf einer falschen Ernährungsweise, die auf kohlenhydratreiche Kost (viel Brot/Kuchen) zurückzuführen ist. Um den Darm positiv bei seiner Verdauungsleistung zu unterstützen, kommt es auf die richtige Wahl der Ernährung an.

Das neue Buch " LOW CARB für Berufstätige mit empfindlichem Darm" beinhaltet schnelle, einfache und alltagstaugliche Rezepte, damit die Ernährungsumstellung auf Low Carb auch im Büroalltag locker funktioniert.

Buchdaten:
LOW CARB für Berufstätige mit empfindlichem Darm
Alle Rezepte sind mit Kohlenhydratangaben in Gramm ausgewiesen!
Autoren: Jutta Schütz, Sabine Beuke - Verlag: Books on Demand
ISBN-10: 3746097517 und ISBN-13: 978-3746097510 - Kindle Edition: EUR
Sabine Beuke - https://sabinebeuke.de/
Jutta Schütz - https://www.jutta-schuetz-autorin.de/